vénéfices

claire-marie bordo

vénéfices

© 2023 Claire-Marie Bordo
Édition : BoD – Books on Demand, info@bod.fr
Impression : BoD – Books on Demand, In de Tarpen 42,
Norderstedt (Allemagne)
Impression à la demande

ISBN : 978-2-3225-0196-0
Dépôt légal : Octobre 2023

Introduction

J'ai auto-publié mon premier recueil poétique *écrin de brume* voilà maintenant un an, le 31 octobre 2022. Ce fut une année riche en poésie et en aventures artistiques qui a suivi, et c'est grâce à ces dernières que j'ai pu aussi vite concrétiser *Vénéfices*. Oser m'inscrire dans une tradition millénaire de poétesses constitua pour moi un véritable acte magique. Les rencontres faites suite à cette auto-déclaration ont été profondément inspirantes, et de nombreux déblocages créatifs en ont découlé. Je me suis lancée dans l'écriture de deux autres projets en parallèle de ce recueil, un guide poétique ainsi qu'un premier roman fantastique. Ma plume s'est enfin envolée.

Pour la première fois, j'ai osé publier mes poèmes sous mon vrai nom, organisé une soirée de lancement, et prépare à présent quelques performances poétiques. Bien qu'écrire constitue un pan conséquent de la mission d'une poétesse, mettre en voix et mettre en scène est un autre versant de cet art, si ce n'est le premier... la poésie est d'abord une affaire d'oralité. Malgré tout, je n'en suis qu'au préambule de ma vie d'autrice, mais déjà, quel incipit passionnant !

Pour ceux qui ont lu *écrin de brume,* on quitte quelque peu les paysages orageux et incertains du doute pour mieux continuer de célébrer l'auto-initiation abordée en fin de recueil. *Vénéfices* plonge dans les terres duales du poison et de l'antidote, on y jette des sorts autant qu'on s'élève au-dessus des marécages de peurs. La sorcière continue de grandir, se découvre fée mais aussi vampiresse ou louve, pétrie de mythes et d'esprits alliés, et vous invite à explorer votre propre divinité, par-delà les confins du bien, du mal et des chaînes du passé.

Merci à tous ceux qui ont cru en moi, m'ont soutenue et m'ont permis de ne plus gâcher de temps à douter. Merci à ceux qui étaient là et bienvenue à tous ceux que je vais découvrir.

Bonne lecture,

Claire-Marie

Sous le voile d'opale, Faëryland

Magie verte

Les serpents du désenvoûtement

La cape d'obsidienne

Magie rouge

La goétie de soi

Sous le voile d'opale,
Faëryland

double vision

la fée de cobalt déposa un baiser
sur mes paupières alanguies
et me fit don de la double vue.
depuis,
je capture boutons de rose et de jade
sur le fil de mes visions
et habille les naïades
de diadèmes en éternelle éclosion.

la langue qui ne ment pas

fée du crépuscule,
la nuit est ton parfum.
tu es celle que je prie,
dans le silence des forêts
et le murmure des rêves émus.
tu as changé ma voix
avec la langue qui ne ment pas.
faite fée,
je m'élance vêtue de toi
depuis les collines roses de l'aube
et chante mon nouveau nom,
celui qui accorde les senteurs
des premières lueurs
au ciel moiré
de fées enivrées.

je suis née pour naïader

j'ai grandi au pied d'une rivière
près de laquelle je venais rêver
tous les dimanches matins.
j'ai grandi au chevet de la mer,
et longtemps je me prélassais
dans ses draps d'écume et de satin,
embobelinée dans les cheveux des néréides,
habillée de coquillages et de célestine.

je ne cesse de grandir auprès de la mer,
tout ce qu'elle m'enseigne
nage dans le courant de mes veines,
son chant s'imprime dans le remous de mes rêves,
tandis que mes épaules s'étoffent
d'embruns déposés par d'autres lèvres.

je suis née pour naïader.

fusionner avec les vagues,
laisser ma peau se cuivrer de sable fin,
laisser mes peurs se dissoudre
dans le chant éthéré du marin.
étendre mon corps comme
on ouvre son journal intime,
s'abandonner au fil de l'eau,
ne plus se soucier des regards,
et de tout ce qui accroche le stylo.

ici le temps n'a pas de prise,
et tous les visages se fondent
dans un impressionnisme de sourires.

je suis née pour naïader.

le rêve est...

le rêve est un diamant niché dans un écrin de songes,
un bain de rosée habillant les feuilles d'une duveteuse mousseline,
le rêve est une fenêtre sur une forêt de mots,
hermès se fait oiseau dans le calme d'une aurore étincelante,
le rêve est un cocon ouvert sur l'immensité bleu nuit,
une toile de jais constellée de secrets filants,
je les capture sur l'iris de ma psyché,
un vaisseau déposé au milieu d'une clairière enchantée.

eucharistie féerique

ceci est mon corps, ceci est mon sang,
prenez et buvez-en toutes,
transmutons-nous dans le délice des calices,
là où s'harmonisent les saintes écritures
faites féeriques vocalises.

à la fay,

velours chaud, antre pourpre,
son maquillage de mélancolie
se fond dans un feu de glace.
le feu qui la consume est froid et
fend le cœur d'un regard.

qui fend s'ouvre.

s'ouvre pour mieux accueillir
les manoirs de délices en son sein.
manoir de délices, donjons de supplices,
vite brûle et consume-toi,
donne à ta chair le plus brillant des émois,
couvre-toi de cette robe de larmes et
offre-la aux vautours de colère,
aux corbeaux de mes lèvres.
elle n'a pas d'âge ni de royaume,
créature de l'eau,
lianes ensauvagées,
si la vigne pâlisse tendrement
la colonne de ses renoncements,
le vin n'en est que plus doux et plus sucré.
la pupille alerte guette tel un chat en maraude
les vampires de ses rêves et
les sombres fées qui font bouillir son sang.

ton sang comme un écho lancinant,
un chapelet d'amour qui s'évapore
au contact du vent.
tu dissémines ta magie du haut des montagnes,
tes paroles deviennent poèmes,
tes mots flottent comme des rêves.
l'incantation qui ravit ta chair
se déroule comme

une robe de ronces et de belladones,
qui s'y frotte s'y pique et
se meurt dans une ultime contraction,
peut-être que le dragon qui nage dans tes veines
colore le ciel d'un crépuscule éternel.

femme-ailée,
fée,
sorcière ressuscitée de tes cendres
re-née,
rallume les chandelles affolées
dans les cœurs des filles enfiévrées.

le vent me dérobe à ma timidité,

                        houppelande envolée,

je ne suis drapée que de

                                              -ciel-

MAGIE VERTE

ciste

laisse-moi passer sur ta peau
le baume des thébaïdes en fleur,
laisse-moi caresser ton âme
d'une garrigue de douceur,

sens-tu le bois et la soie s'entrelacer dans un ballet
de vent marin ?
sens-tu le nectar herbeux des vallons de ciste lovés
dans de mousseux écrins ?

laisse les parfums de soleil et de terre mêlés
s'immiscer dans les éclisses de tes remparts,
que cette onction des cieux pourpres
enveloppe ta peau de senteurs melliflues
et de tiédeurs charnues,
que coule le satin du ciste sur tes bras essoufflés,
qu'ils s'ouvrent au chant des rocailles
et aux chœurs de la tramontane,

accueille ses fragiles pétales
comme des cantiques de l'âme,
et dans la solitude d'avril,
ton cœur se découvrira de ses fils,
car comme toi, il prend racine
dans cette terre aride
et s'abreuve à l'ambroisie de la délicatesse.
le ciste sacré te couvrira alors de sa tendre sagesse
si tu le laisses embrasser tes cicatrices,
et tout ce que tu caches sous tes perséides.

belle de nuit

j'ai ouvert les persiennes de mon âme,
laissé la tramontane éventer mes secrets,
et sous l'égide d'éole et de séléné,
déployé mes pétales pourprés.

digitales

pourpre vénéneux,
gant de loup poudré,
tes lèvres s'ouvrent
tandis que mon âme s'émeut
devant les chairs zinzolines
de tes ruses perlées,
chapelet d'améthystes
aux intentions fardées de vice
pompons mutins tachetés de malice,
je m'abreuve à ton nectar de fées,
et dans l'autre monde,
m'éveille sous tes clochettes duvetées.

immortelle

j'ai ouvert les portes de l'aube
et j'ai emprunté le sentier des dunes.

les grues décrivaient des volutes
serpentines de gris opalin,
mutiques cendres de lune.
la voie s'étendait devant moi,
une rive miellée de corail et de cannelle mêlés,
il fallait cheminer jusqu'aux vespres,
je le ressentais dans tout mon être

*(urgence fiévreuse d'arpenter les adrets de son âme,
de presser l'élixir de ses désirs,
ceux tapis dans le sel de ses larmes,
pluie intime, source divine)*

sur l'allée des ombres brûlées s'alignaient,
comme des perles de soleil,
de longues tiges immortelles
couronnées d'or et de feu,
d'alliciants pois de velours chyprés
au puissant sillage d'oud et d'épices ambrées.

j'en ai cueilli quelques brins pour ramener
le soleil en ma demeure,

flammes élancées au cœur libre,

et que crépite l'âtre de ma candeur,

étincelles de vert et d'ocre immarcescible.

fille des sables et des rocailles,
je renais comme vous après chaque bataille,
plus forte et plus ardente,
indomptable bacchante,
ma fureur de vivre renouvelée,
jamais je ne flétrirai,
mon cœur est un ignescent arbre de vie,
et mon corps lentement mûrit
comme un doux lacryma christi.

reine des astéracées,
immortelle comme toi je suis
et sur cette terre le resterai.

figuier

bellona,
col de signora,
mussega negra,
perpétuelle, madonna,
ton tendre cœur de grenat
se déploie sous mes doigts,
exprime tout son suc de soleil
et orne mes poignets
de quelques perles d'ambre et de miel,

peux-tu pleuvoir des sépales de soie,
parer ma peau de ton parfum suave,
et me tisser une capeline d'ombrage ?
dans le sud de mes errances je te croise,
dionysiaque sentinelle,
arbre de vie, arbre de mort,
esprit fauve, présence-ombrelle,
tu es la racine de mes rêves sapides,
alors que je révèle le suké de ma psyché,
tu déroules ta serpentine force
et m'inities aux mystères de ton écorce.

fiori di fico, fichi veri,
je prends tout de toi,
fruits et fleurs,
arcanes féconds de ta poésie hermaphrodite,
je m'orne de la ceinture d'ève et deviens verte lilith,
je m'offre à dionysos et à déméter,
à la jouissance et aux enfers,
en saignant de ton lait sacré,
tu m'enseignes à accepter
les sacrements de mes cicatrices,
le vertige des secrètes éclisses,

à tes côtés, je me saoule à ton nectar,
vin des dieux ou bien léthé,
j'accueille tes visions tels de vifs espoirs,
à tes côtés j'absorbe les légendes,
réceptive et languide,
la sagesse centenaire qui t'irrigue,
arbre de vie, arbre de mort,
messager des offrandes,
psychopompe sycomore,
je renais de ma propre mort.

la femme chamane

tu es la femme chamane,
la mesultane[1] des montagnes,
entre terre et feu, feu et air,
je te vénère et te révère,

les nuages s'ouvrent
et s'écoulent entre les psaumes de tes prunelles,
ô mystérieuses glossolalies qui perlent
au coin de tes lèvres,
je les recueille comme des pierres précieuses
dénichées dans les volcans de ton âme.

j'ai en moi un arc en ciel de secrets,
collision de mon âme à la tienne,

kadagi de Svanétie,
prêtresse des sommets,
certains t'ont vue sur le mont Ushba,
louves et chamois pour intimes,
plumes et franges pour pèlerine,
Dali-Artémis t'a fait quelques confidences
et c'est dans mes dévotions et mes danses
que je les reçois,

arc en ciel de secrets,
coffret de songes bigarrés.

tu as vécu mille vies en une,

quand je ferme les yeux
et murmure ton nom arcane,
je plonge tout mon corps dans le doux lac de ta psyché

---
1   Mesultane / Kadagi : chamane des montagnes de Géorgie

de perles et de coraux caressés,

brume de rêves embrassés,
reine des désirs couronnés,

tu as vécu mille vies en une,

et quand j'étreins mes vœux dans le calme des flammes,
je suis comblée de tes oniriques fumées,
je m'abandonne à ta volupté.

chamane des rivières

chamane des rivières, toi qui as vécu ta vie dans l'ombre de ceux qui se croient plus forts et plus grands que toi, tu laisses couler tes peines dans le flot héraclitéen de la rive, tu libères d'un regard des décennies d'ombrage et des armures de rage, tu ensauvages les cœurs trop durs qui se croient si mâtures,

chamane des rivières, ici est ta demeure, entre le bleu et le vert, entre les rires et les pleurs,
on te devine, chevelure d'infini, dans l'ondée tempétueuse qui s'élargit,
on te devine, sourire de labradorite, entre les reflets du ciel et les collines d'hématite,
un regard profond nappé d'un voile de nuée,
un sourire ombreux sous les algues de tes secrets.

dans le dédale des bois,
au cœur d'un bosquet hirsute,
je t'attendrai.

là où les hiboux sont rois
et chantent leurs hymnes occultes,
je veillerai.

là où l'hellébore croît,
déesse du sombre culte,
je m'éveillerai.

là où l'or du bois coule,
où toute la forêt exulte,
je t'invoquerai.

c'est dans ce poumon pulsant et touffu
que toute ma vie durant je t'ai attendu.

j'ai bien quelques nuits de plus à t'accorder, pour,
dans le silence des crépuscules,
nous apprivoiser.
quand la lune d'argent brûlera aussi fort
que mon cœur tonitruant,
je t'inviterai dans le sanctuaire de mes secrets.

le sacré se trouve dans les détails,
pour l'âme pure qui jamais ne s'écaille.

la pythie

drapée des volutes de laurier et de mandragore,
de riches visions damasquinées de pleine lune
envahissent la pythie possédée aux yeux d'or :
l'avenir se divulgue dans les vérités dévoilées par les runes,

sur le fleuve noir de son inconscient
dansent des visions infernales
le présent se meut en éternel recommencement
dans l'élixir du léthé abyssal.

je veux flirter avec les spectres des possibles
et frôler toutes les vies qui fleurissent
au bord de mes pensées indicibles

je veux tout dire et tout écrire
sans l'ombre d'un lierre grimpant de censure
empoisonnant le présent d'un invisible cyanure

si mes rêves sont des hellébores qui s'épuisent,
au fil de mes peurs et de mes doutes,
alors qu'ils éclosent et jaillissent
dans un jardin de sulfure et de rage dissoute
qu'ils emportent avec eux les torrents de mes secrets
dans un toxique maelström de poisons libérés !

juin dans mon cœur

c'est juin dans mon cœur,
les grands feux de la saint jean dans mes artères,
quand je ferme les yeux,

les flammes dansent sous mes paupières
et lèchent mes rêveries d'un halo scintillant
qui donne vie à mes désirs

on dit que mon cœur bat trop vite,
que ma langue fourche
car mes pensées se bousculent,
mais
c'est l'urgence de vivre qui palpite dans mon âtre,
c'est le feu de Prométhée que je vole à chaque réveil,

l'on dit mon chant acide et charognard,
c'est dans le chaudron que je renais chaque soir,
potions et vénéfices,
tout mon sang ma rage de ne pas mourir
sans laisser derrière moi
le sillage de la brûlure,
la morsure,
la plaie qui ne se jugulera
que dans un feu de joie
coruscant et hors-la-loi

émeraude

quand je te porte à mon cou et à mes doigts, alors je me sens reine. pleinement ancrée à la terre, les yeux tournés vers l'infini éther. tu te fonds sur ma peau. on dirait qu'on s'est toujours connues toi et moi. on me dit que tu es ma pierre, ma couleur, et je le crois aveuglement. car quand je me fonds en toi, c'est un cœur de forêt qui se déploie, danse des chênes et des séquoias, robe d'aurore, perles de rivières prêtes à éclore, drapé de mousse, automne douce, c'est le chant de l'aube qui vibre en moi, c'est l'espoir qui m'inonde et enivre mon cœur béat, c'est ma force qui renaît, égale à un robuste peuplier, c'est la solide confiance avec laquelle ton aura irradie et me permet en pleine conscience, de toujours te dire oui.

les jusquiames dans tes yeux

il y a dans tes yeux deux jusquiames noires
que je presse jusqu'à l'ivresse féerique,
jusqu'au coma idyllique.
tes jambes, deux lianes ensorcelées,
grimpent le long de ma volonté vaincue.
je déclare alors forfait :
que le convoi de nymphes, fées et furies
me dérobe à ma réalité,
que tes yeux me plongent dans le noir du désir complet
et sans retour,
que ton parfum me hisse
jusqu'aux tracés occultes des vautours,
que tes lèvres nourrissent
mon ventre hurlant de désir,
que ta magie comble les abîmes de ma solitude,
que ta peau, parure d'ambre et de miel,
glisse sur la mienne
tel un trésor oublié entre les failles du temps,
or, myrrhe et encens,
que tes mains guident mes hanches,
sanctuaire de liliacées,
vers ton repaire de secrets inavoués.
il y a dans ton corps un joyau précieux à déceler
entre les chaînes du passé
et la petite ciguë des mensonges et des rejets,
un diamant aux ailes écorchées
qui chante dans les puits d'ombre et les vallons
désertés.

quand je ferme les yeux, je le vois briller.

l'heure magique

minuit.
sonne l'heure magique.
sonne le chant des banshees.
il est minuit, les hellébores s'éveillent.
elles psalmodient dans leurs sépales de sang
les prières aux démons,
les invocations suintant de fluides vénéneux,
tout ce qui colore la nuit de bleu.

aux lueurs mortes,
les goules répandent leur soif atavique
et zèbrent la nuit de leurs cris sybaritiques,
cabale de crocs et de griffes,
venin d'amarante
brûlant les gorges nyctophiles.

si les banshees crèvent le silence séance tenante,
et brisent l'hymen de la nuit de mon nom écorché vif,
alors je les suivrai sans préambule
dans la tiédeur acide du bayou,
je me laisserai goûter telle une fleur de lune,
cueillie trop tôt, mais couronnée du doux courroux
qui pimente le sang de l'arôme du cauchemar...
faites donc de mon corps votre œuvre d'art,
dévorez la chair de mes frustrations
et oignez-vous de ma méphitique discrétion,

que mon sang coule sans retenue
dans vos gosiers avides et purificateurs,
qu'il nourrisse la terre de ma tribu,
pour me dissoudre sous l'éclat des vertes heures.

les solanacées de ma vengeance

mille fois j'ai cueilli les solanacées de ma vengeance, mille fois je les ai mixées à ton breuvage, mille fois je t'ai observé le déguster goulûment, pas une once de méfiance dans ton soupir fétide et repu.
mille fois tu es mort dans mes plus beaux rêves, et mille fois je courais vers le portail rouillé, ma maigre valise sous le bras, mes souhaits les plus chers arrimés au cœur.

dix mille fois au moins, j'ai rêvé avec apparemment trop d'ardeur.

Les serpents du désenvoûtement

Je t'ai rencontré un samedi entre chien et loup lorsque les nuages de pourpre grisâtre dansaient sur la toile de mon angoisse, tu m'attendais là telle une sentinelle d'ombre et de fumée au pied du saule en pleurs. les marais bordés d'iris comme des cils de velours se balançaient, comminatoires, des ombres animées dans le crépuscule de mon attente. j'ai regardé mille fois dans le marécage opaque, plongé mes mains dans la boue noire des profondeurs, mais tant que mon ciel est quadrillé de gris, de noir, de pourpre éteint, je ne pourrais jamais voir le ciel comme avant, avant que tes yeux ne se posent sur moi et colorent ma vision du bleu de la mélancolie.

Pyrène

cœur grand ouvert,
yeux pétillants d'éclairs
et rire coquin de petites baies acides,
elle l'entraîne au cœur des forêts rêveuses,
au fond des lacs placides,
pour danser tout le jour,
s'enivrer d'amour
et de fleurs vénéneuses.

c'est le seul qu'elle désire,
le seul qui puisse enflammer son plaisir.
mais si son cœur à lui appartient à d'autres terres
et d'autres mers,
alors elle le séduira avec les vastes plaines
de sa tendre chair,

les torrents incendiaires
de son feu
et l'or fauve du soleil
déposé dans ses cheveux.

pourtant c'est dans le bosquet du secret qu'elle l'a perdu.

sans repère ni lanterne,
dans le noir elle se noie
et s'offre aux loups de désarroi
et aux ours de colère.

tombeau à ciel ouvert,
elle repose au cœur de son tourment,
tombeau à ciel ouvert,
peut-être l'avez-vous vue,
la nuit elle erre,
et cherche toujours le feu les soirs d'éclair.

vêtue de tes désirs

tu m'as vêtue de tes désirs,
chaussée de tes peurs
et coiffée de ta pudeur.
tu aimes ? tu as demandé.
j'ai doucement hoché la tête et j'ai souri.
tu m'as rapiécée de tes erreurs,
parfumée à tes délires
et toujours *toujours* considérée
comme une petite fille.

j'ai hoché la tête, j'ai tamisé mes pupilles.
j'ai tamisé la flamme dans mes pupilles,

celle qui brille dans la nuit de mes secrets,
celle qui se hurle dans l'alcôve des angles morts,
là où j'ai fabriqué mon royaume de fous et de fées,
de ferveur et de vérité,
là où je rejoins mes sœurs sorcières qui s'abreuvent
à la source même des instincts
et s'aiment derrière les volets clos de l'interdit.
j'ai dansé devant le caveau vide de ma famille
et j'ai croqué l'hostie de l'impudence.

sans toi,
je brûle,
je brûle

et j'apprends à prononcer mon nom à nouveau.
comme une chanson dissonante
qui claque contre mes dents.

peut-être que si je le répète assez longtemps,
mon nom refleurira
et sonnera enfin comme le mien.

je ne suis pas une maison

je ne suis pas une maison.
deux yeux cerclés de bleu, accès express au ciel,
un lopin de terre, carré de liberté conditionnelle.
je ne suis pas un compromis, un contrat,
quatre murs et ta voix en écho qui
sculpte mes désirs,
sculpte mes promesses,
sculpte mes besoins.

je suis une flamme de rage
que quatre murs ne pourront jamais contenir
je suis un torrent de larmes
qui ne s'épanchera jamais vraiment
je suis un cri profane dans l'abbaye de la réalité
je suis une sainte hallucinée transpercée par
les aiguilles de la vérité

si je ne peux choisir ma vie,
je choisirai ma mort,

quatre murs, ta voix en écho,
ton éloge poli, je n'en veux pas

je retourne à la terre,
à la rivière
et au ciel

je retourne à l'immensité,
et au néant qui m'appelle.

inventaire de la perte

à cinq ans j'ai perdu ma langue.
j'ai lu dans vos yeux le désir de tout figer,
j'ai capturé le spectre qui danse dans vos cœurs brisés.
je serai le ciment qui répare les erreurs,
le pont entre les cœurs.
je serai le papier glacé de vos rêves avortés.

à dix ans, j'ai perdu ma couronne.
j'ai revêtu le tablier morose des sourires émiettés,
j'ai purgé chaque jour l'espoir de te retrouver,
j'ai laissé la pluie de cailloux délimiter
les contours de mon être.

à vingt ans j'ai perdu ma boussole.
j'ai mangé le pain fade des sourires affables
et des fables de funambules de passage,
j'ai bâti des forteresses sans fondations
dans de frêles futaies aux grands yeux effrayés.

à trente ans j'ai perdu ma joie.
les promesses aux étoiles et les fées
derrière mes paupières lasses,
je me suis endormie dans l'obscurité
d'un placard de peur et de mélasse,

peut-être qu'un jour j'inventerai un nouveau langage
et une nouvelle danse instinctive et sauvage
sûrement quand on ne saura plus me donner d'âge.

terres rouges

terres rouges,
vallées de sang
dévalant la ravine de mon âme,
êtres sempervirents
hérissant la crête du doute acéré
ponctuent le récit de ma perte
et ouvrent les guillemets de ces montagnes
d'ocre jaspé :

ta perte est la mienne,
elle est inscrite dans le canevas de notre lignée,
cousue de rouge et de silence,
ta perte nage dans le lac d'omphale,
phare noir émeraude au milieu de mon être,
tu la transportes partout avec toi au bout d'une laisse invisible
et je l'absorbe comme la terre assoiffée après l'averse,
je bois ta perte comme tu as bu du calice de ta propre mère,
et comme elle l'a fait avant avec la sienne :

eau de larmes amères et de regrets,
perles de peur dans le graal consacré,
j' y ai bu jusqu'à plus soif,
mais aujourd'hui
je scelle la fiole qui repose en moi,
au cœur du reliquaire du temps passé,
et dans mon renoncement
m'en fais la gardienne
comme on renonce à tous les dieux et à satan.

je serai la dernière de ma lignée.

chemin de vie : 11

(écriture automatique avec une défunte)

toi qui es ma force, d'où la tires-tu, noble et gente dame ? ou devrais-je t'appeler louve du désert ? louve des instincts et des (petites) morts, louve émue et aimante, amante démente aux doux yeux de velours, aux pattes de taffetas... silence bruisse entre les draps. extase initiatique, extase prêtrise. tu es pieuse ton cœur est pur, transparent, translucide, en transe tu te diriges dans le labyrinthe du plaisir, les yeux fermés, tu en connais tous les secrets.
il t'aimait tant, ne t'a jamais oublié car tu es force, animale et esprit. connectée à la terre et à l'air, eau de feu qui circule dans tes veines. c'est toi ma source, toi qui m'inspires, me délies, me fais lire au cœur de mes délires ce qu'il y a de délices et de vices. ce qu'il y a de moi dans chaque empreinte de rêve, chaque bond et regard. tous les regards sont des sauts dans le vide. si l'abîme est amical, je me retrouve dans tes bras. mais je n'ai pas peur du vide. tu sais, je l'ai connue la nuit de l'âme, à 17 ans, dans cette chambre. c'est là où j'ai rencontré ma louve, ma louve, ma sauveuse et ma monstresse. alors prends ces pattes et la queue qui me sert de boussole, ces yeux perçants et ce museau aiguisé, fends la nuit de ton museau, fends-la et loves-y toi. plonge ton corps dans cette sombre laine et laisse les visions t'affleurer. sous une couche d'étoiles, sous la lune rugissante, laisse-toi faire et offre-toi. je serai toujours là pour te recueillir. l'abîme est doux tu sais. je te tends la main au-dessus du précipice. ouvre les yeux, la force te guide. tous ces 1 et ces 11 dans ta vie. laisse-les te montrer le chemin.

Ode au choix et à Hécate

A chaque fois que je veux écrire un poème sur le choix, je cale. C'est étrange comment cette thématique se pare de flou et se noie dans les brumes dès que je tends la main pour la saisir, la définir et en dessiner ses contours. Le choix m'échappe. Il me choisit, mais je ne le choisis jamais. Je suis à l'image de cette idée : vaporeuse et incertaine, doutant constamment de ma propre réalité.
Si le choix émane de la volonté, je me sens bien souvent dépassée par celle des autres : leurs désirs m'avalent et font de moi un met qui se pense sujet désirant à force d'être assaisonné au sel de leurs desseins exprimés. Ce sel n'est pas le mien, mais je vais l'incorporer comme partie intégrante de mon identité. Je serai alors salée, sucrée, épicée à leur convenance. Dès lors que le festin sera fini, il n'y aura qu'un arrière-goût acide dans ma bouche, faisandant une question au bout de ma langue : aimes-tu vraiment le parfum des autres ?
la sève, la terre, l'humus des autres ?
si on gratte sous ton écorce étouffée de mains et de chevelures, qui va-t-on y trouver ?

je suis d'encens et de jasmin, je suis de rocaille et d'adventices, je suis de bleu et de grenat, je suis de solitude et de désir, je suis à demi-mot et je ne me répète pas. si mon âme est avalée dès la première bouchée, alors je l'arrache de la lèvre affamée et m'enfuis. ma douceur est un temple profané, une onction épuisée sur l'autel de l'oblitération : on me consomme pour mieux être annihilé en moi, mais je ne suis déjà plus de ce monde de chair et de soupirs brûlants, je ferme le nacre de mes paupières et de mes ongles, et m'offre au ciel, à la terre, à la pluie. je n'ai pas d'autre amant que l'opale des cieux moirés aux visages de l'infini.

hécate ourania, hécate lampadephoros,
aide-moi à tracer mes contours du bout des doigts et à
bâtir les églises de mon âme partout où je chemine,

hécate einodia,
dans mes errances et dans mes doutes, aide-moi à
embrasser la voie qui s'offre à moi, tracée au compas de
ma langue et de mes viscères pulsantes,

hécate nyctipolos,
enseigne-moi à être louve des fourrés et musaraigne
mystique, le flair comme boussole, l'ouïe affûtée comme
un silex, les vibrisses en alerte,

hécate chtonia, hécate propylaia,
toi qui as connu les royaumes d'en bas, toi qui navigues
entre les mondes, enseigne-moi à fermer les portes que
j'ouvre, à clôturer ma cellera[2], que mon sanctum
sanctorum ne soit plus profané à l'envi, mais qu'il soit
serti de gemmes et s'ouvre sur commande de mes plus
intimes requiems.

---

2 Cellera : espace sacré entourant les églises en Catalogne,
   où toute violence est proscrite.

ton âme suspendue à mes lèvres

ton âme est suspendue à mes lèvres,
tu l'as placée là,
scellée par le feu d'un regard.
je n'ai rien vu je crois,
mais ton âme est restée là.
des jours, des mois,
je respirais et couchais avec ton âme.
elle s'était faite une place entre mes rêves
et mes peut-être.
mais j'ai laissé mes lèvres doucement pâlir
et le carmin de ton âme faner.
alors elle pend à la commissure de mes abandons,
elle s'effiloche avec l'usure des saisons.

vient l'été
et elle semble avoir perdu de son éclat.

(parfois j'ai la sensation d'être un filet à fantômes qui promène son désir dans les cimetières des fonds marins, un agrégat ambulant de tous ces morceaux de toi que tu dilapides à l'envi)

vient l'été
et je m'élance dans la grande bleue pour qu'elle me libère de tout ce que je ne peux plus porter.
qu'elle me déleste dans un acte de foi et de vérité.

je ne suis ni une déesse ni un conte de fées,
je suis une femme profondément libre,
une louve au cœur ensauvagé
qui ne sera ni engoncée
dans un manteau de tristesse acide
ni piégée

dans la complainte du chasseur au ventre vide.

j'ai traîné ton cadavre aux quatre coins de l'île,
mais je n'en ferai ni une pelisse pour l'hiver,
ni un trophée pour les nuits claires.

(j'aurais dû éventrer les espoirs qui moisissaient à mon
chevet, cracher mon feu et te libérer)

je suis une nomade au cœur carnivore,
j'ai beau chanter les poèmes de l'âme,
mes fleurs cannibales finiront toujours par
dévorer et se refermer.

je ne pleure pas mes morts, je les avale.

tout ce qui crie de moi, c'est la plaie de mon espace amputé. la plaie de mon soleil éteint. la plaie du chant des oiseaux tu. la plaie du vent arrêté dans sa course.

tout ce qui crie de moi, c'est le papier inondé de toi, l'encre noire qui coule comme le sang hors de mes veines, comme mon océan qui déborde de tes rêves,

et je n'ai plus de place pour moi.

au milieu des klaxons de rage sonore, tu débordes, au milieu des pots d'échappement de cris d'enfants, tu débordes.

à tes appels main libre tu es pieds et poings liés, clamant ton amour pour la ville, clamsant sous un ciel gourd et turbide. alors dans ce purgatoire éphémère, je mure mes oreilles tandis que l'appel du large sourd sous ma visière. je marche les yeux clos, les rêves ouverts.

je ne respire que dans les cimetières, dans les déserts de silence où le cœur se retranche.

mais je suis le feu !

quand je m'engonce dans la toile de mes doutes, robe de fortune, orbe de lune, c'est d'une croûte de mots stériles dont je m'orne ; le marais de mes émotions exsude et purule en cascades de silence, ma peau se fait île flottant à la dérive de mes désirs, et j'oublie comment on danse.

mais je suis le feu.

je suis Odyssea aux semelles de flammes, je suis le tracé du soleil et tout ce qui ne me sert plus, tes haillons de peurs et tes guenilles de leurres, je les brûle au chalumeau de mon sourire.
Odyssea sans plan ni boussole, chaque jour une aventure, à chaque pas se dissout un peu plus ma geôle, sous chaque rire se dessine mon futur : vagues de feu, écume de fièvre, je suis là pour embraser le monde.

que les squelettes tremblent dans vos placards de honte, car c'est ma flamboyance impitoyable qui va les réduire en poudre à canon. allume le feu dans tes tripes et tes pupilles et recharge le gun de tes désirs, laisse les banderilles de ton étincelle transpercer la peau de tes émotions, qu'elle te guide comme l'étoile du matin anime ta vigueur d'une nouvelle passion : tu es le feu et tu m'embrases quand ta joie explose, nue de toi, extase se-reine, et que je sens ta bombe de liberté enfin éclose, éclatant sur mon corps comme l'eau vive du baptême.

exorcisme lunaire

si la lune de ton angoisse entaille une à une les plaines de la nuit qui en moi croassent, alors que la lumière de lucifer soit faite sur toute la vallée sombre de mon être. qu'elle avale de ses langues acérées tous mes doutes empoisonnés, qu'elle danse sur les terres brûlées de mon passé, la fièvre au corps, le cœur en sang.

j'ai toujours cru que la certitude me tuerait

lorsque les serpents de la certitude s'insinuent en vous et susurrent des sérénades trop connues aux cœurs coulant d'acrimonieuses rancœurs, alors la mort est proche, la mort est là.

pour rien au monde, je ne l'échangerais

cela faisait longtemps que je n'avais pas orchestré ma propre mort, suivi le rite à la lettre, telle une funambule un peu distraite, ces soirs vides des promesses de l'aurore.

pourtant, dans le fleuve de mes fluides filant comme de veules couleuvres ivres, j'ai vu la mort et tout ce qu'il y avait après.

un soir dans le désert, tenaillée par une soif douloureuse, j'ai goûté aux lèvres exsangues de ma nuit la plus ombreuse.

le passage ne se crée que par vases communicants, je laisse un peu de moi au néant pour ouvrir la porte encore plus grand.

j'ai récolté maintes offrandes pour le nocher de mes nuits roides. cheveux, larmes et prières sans destinataire.
on donne ce qui nous échappe.
les souvenirs des ardeurs qui s'évadent.

le passeur prend donc et vous offre en retour la fuligineuse intuition de votre fin. si floue et enfumée, elle se précise ensuite dans le tatouage intime de vos os.
cette mort sera la vôtre, plus personnelle encore que le tracé des doigts sur le tissu des peaux caressées. plus profonde encore que la morsure du jour sur vos yeux de nouveaux nés.

cette mort vous va en réalité comme un gant. vous qui viviez dans cette mélasse de signes et de sens, une direction se dessine à présent avec la certitude sereine d'un nouveau soleil. cette mort est aussi absurde qu'elle en est belle.

c'est la vôtre, et pour rien au monde vous ne l'échangeriez.

je veux suivre la rivière de mon âme

suivre la rivière de son âme au lever du jour, simplement guidée par la joie profonde et sans cesse renouvelée de connaître un nouveau matin.

suivre la rivière de son âme et arpenter ses nuances, ses heurts et ses délices comme on caresse sa peau imprimée de souvenirs.

suivre la rivière de son âme, même quand elle est tumultueuse, sombre et perfide. la laisser nous guider jusque dans nos profondeurs turbides.

laisser l'eau claire nettoyer les rêves noirs des vies qui nous encombrent. plonger nue dans le flot continu, déposer les armes et se fondre dans le torrent de larmes.

S'ABANDONNER VRAIMENT.

La cape d'obsidienne

la brume entre nos âmes

cette brume entre toi et moi...
un voile de satin apposé sur la clairière de mon âme.

tu t'insinues entre les draps nivéens de mes songes et
parcours l'abîme de l'indicible.
il y a dans l'attente un pouvoir inouï,
le substrat indélébile de l'effleurement.
à l'encre sympathique du désir,
je relis les rimes que tu as gravées sur ma peau.

que ton poème jamais ne me quitte.
qu'il pare mon être de tous ces secrets translucides,
ces secrets d'opale qui scintillent sous la cape de la nuit.

je sais que sous le disque d'argent,
je brille car tu me regardes.

la voûte étoilée est notre chapelle

la voûte étoilée est notre chapelle.
sous une constellation de murmures
fleurissent les secrets de la nuit.
la nuit qu'on dessine le long des iris bavards
et des sourires silencieux.
sous la nef de mes péchés jaillissent
les psalmodies de la sainte,
les cris de la fée.

la chapelle des cœurs transpercés.

couronnée de roses et d'épines,
j'avance sur l'allée de nos sangs entremêlés,
les soupirs des dragons
brûlent
dans l'encensoir de mes poumons.

plus la foi est profonde, plus la possession est intense.

le diable s'insinue par tous les pores.
amasse dès aujourd'hui les missels et les cantiques
car les démons qui en moi s'agitent
transpercent mon cœur de flèches ardentes,
qui est dieu je ne le sais plus,
j'en oublie mon catéchisme,
mais cette ferveur qui irrigue mes racines
incendie mes prières de tout l'indicible.

les soutanes noires de tes cils se lèvent,
tes paupières damasquinées de soleil s'éclairent :
nos regards sont nos reliques
dans la chapelle de nos suppliques.

le chant sépulcral de la nuit

il y a dans le chant sépulcral de la nuit,
une incantation pour mes viscères,
un nid de cristal et d'ulcères,

il y a dans le chant seigneurial de la nuit,
le diadème de mon autonomie,
chanson solitaire,
diamant imprécis,

il y a dans le chant impérial de la nuit,
ma boussole d'obsidienne,
gouffre sombre,
repère de tous les repères,

il y a dans le chant spectral de la nuit,
un murmure qui s'écrie,
l'urgence de vivre enfin cette vie,
vitrail rougeoyant, cœur coruscant,
les veines gorgées de ce sang
qui n'est pas mien, mais bien
le fruit pressé de ton angoisse embellie,
rivières de rubis, grenat orphelin,
maintenant locataires de mon ossuaire ambulant,
qu'ils me droguent de toujours
et m'enivrent du velours
qui calme les cieux d'un soleil trop ardent,
et recouvre la voûte d'un plumage d'argent.

il y a dans le chant ancestral de la nuit,
la promesse d'un adieu,
l'espoir de s'éteindre au printemps.

lune noire

lune noire, lune noire,
donne-moi le silence
donne-moi la paix de l'âme,
embobelinée de crépuscule
et d'une nuée de sylphides,
murmure-moi quelques secrets,
couronne-moi telle une vampire,
je serai ta confidente,
pupilles dilatées,
injecte-moi tes révélations nocturnales
et drape-moi de délices infernales,

lune noire, lune noire,
que ta nuit infinie,
et ton regard étoilé
recouvrent mon enveloppe charnelle
puisses-tu devenir
le vaisseau de mes rêves
le lait et la soie de mon imaginaire
l'opale mêlée de désir
dans une brume de copal,

lune noire, lune noire,
ma tendre amie, mon don de naissance,
puisses-tu renouveler
sous l'ombrelle de ta guidance,
ma soif de vivre
et mon urgence de mourir.

je suis née

je suis née par une nuit de lune noire,
dans le vestibule de l'hiver,
au crépuscule crayonné d'un bleu ciel dilué
dans le gris des rivières,

je suis née sous l'égide du fantôme de mon grand-père,
dans un lieu baptisé l'espérance,
et je porte dans mon sang l'espoir d'un soleil noir,
l'essence du cèdre et les secrets des corneilles,

je suis née par une nuit de lune noire,
lilith en cancer,
comme une plongée dans les sombres eaux initiatrices,
anti-mère et mer antique dans le torrent maïeutique de la matrice.

je viendrai te chercher

je viendrai te chercher, de nuit
quand hurlent tes entrailles
et hululent tes désirs
je viendrai te donner un baiser,
celui qui t'arrache à cette vie
mais t'en offre une nouvelle,
haruspice de tes envies
renaissance surnaturelle,
je déposerai sur tes lèvres
un souffle vampirique
pour célébrer ton sombre baptême
et danser sur les reliques
de ta sainte dépouille
à présent noire basilique.

vampiresse...

vampiresse du bleu de mes nuits,
étreins mon âme de tes griffes d'onyx,
plonge ton regard obsidienne dans mon cœur
hérétique,
toi qui es la seule à pouvoir lui donner vie
dans la si douce mort que tu m'as promise.

nous étions deux dans le château. tes récits habillaient les murs du doux taffetas de ta prose. dans le boudoir de saphir, la lune se déversait depuis la lucarne, cette plaie béante de la nuit coulant dans le sentier aphrodisié de mon âme. j'en buvais les lactescents rayons avec une avidité toute nouvelle : je suis ta prisonnière et celle de nyx. et j'accepte les limites de mon être dans la mesure où tes canines les ont percées à jour. à présent je suis tienne, deux trous à vif qui laissent passer ma finitude entre tes lèvres, toute une histoire à projeter sur les murs de notre château, tout un rêve déployé sur les tours crénelées de nos ex-voto.

Magie rouge

les reliques de l'été

les reliques de l'été s'estompent
sous mon regard d'un bleu d'ancolie,
les coquillages s'effacent
sous une nuée d'oubli,
seule la flamme des bougies
ravive à moi
le soleil de nos rires éclatés,
un faisceau de joie sonore
dardant son or à tout bout de champ,
je garde dans mon coffre à trésor
les souvenirs chauds
de nos silences éclos,
la quiétude adoucie
d'une vie maintes fois choisie.

hiver brûlant

j'aimerais brûler comme à l'hiver de tes 20 ans.

brûler comme une chandelle romaine
au cœur du blizzard.
brûler comme un sillon de sang chaud
fracturant la neige d'une virgule incandescente.

dans la morsure du froid,
je sens mon cœur se gonfler de désir.

toi l'ombre encapuchonnée de mes nuits blanches,
toi le vaisseau de mes sombres plaisirs,
tu zèbres mon paysage immaculé
de ta flamme noire et sauvage.

indompté tu es venu à moi,
indompté tu as quitté ma vie.

nos libertés apprivoisées,
tu m'as donné tes rêves et tes envies.
chants d'aurore, miel d'onyx.
présence-éclair
dans le jardin d'hiver de mes émotions.

cent fois je la préfère à un demi-siècle de printemps assagi.

lettre à l'idéal

l'envers de ma peau est couvert du tatouage de l'expérience. peu de personnes connaissent l'historicité de cette peau.
je veux garder un symbole de toi gravé à même le corps. je me fous de pervertir l'amour si je donne le nectar de mes rêves et l'essence de mon être sans concession. en ta présence, le temps devient un métal précieux qui coule dans le sablier de mes angoisses, et seuls ces moments peuvent entrevoir toute la profondeur de mon être, tout mon chaos, mes sombres désirs et les pandémonium qui irriguent mes veines... je n'aurai jamais de secrets pour toi, juste les ténèbres grandes ouvertes sur ton cœur. je continuerai à te rêver, à te dire, à t'écrire dans des lettres que je n'enverrai jamais. cet ailleurs sera ma survie, ma manière de ne pas devenir folle, de ne pas m'embourber dans la fosse commune de la normalité. je préfère mourir dans la plus froide des solitudes plutôt que de faner dans l'anonymat d'un amour tiédi.

hétaïre sacrée

je suis l'hétaïre sacrée,
dépose tes peines au pied de mon autel,
déleste-toi de tes lois
et laisse l'encensoir de tes désirs
te happer dans ses sensuelles incantations.
brûle tes vêtements,
brûle les remparts érigés
entre tes fantômes de chair

                                                      et toi-même.

qu'ils se fassent fantasmes
et s'incarnent dans ton corps en jachère.

offre-moi tes souffrances et tes doutes,
les mauvaises herbes de tes pensées,
laisse-moi les atomiser à la lumière
astrale du désir couronné.

                JE VEUX TANT TE CONNAÎTRE,

et quand je dis te connaître,
je veux dire,
connaître :

tes traumas tes hontes tes péchés tes ardeurs tes
frayeurs tes incendies et tes naufrages, toutes les
nuances de ton être.

laisse-moi goûter au velours de tes lèvres,
m'oindre le cœur de tes caresses de myrrhe et de sève,
croquer les belladones juteuses de tes sourires
et m'intoxiquer à toutes tes chimères,

laisser tes visions me remplir.
en les portant au pinacle sur l'autel de la lubricité,

je les vénère,
les cannibalise,
les transmute en un joyau de sorcière,
un cantique du nadir
à susurrer avec le cœur,
les paupières sourdes aux suppliques
des premières lueurs.

une cathédrale de ma chair

je bâtis une cathédrale de ma chair,
je déverse mon sang dans les calices,
te le fais boire, à grande gorgées.
devant l'autel de ta subversion
mes genoux se brisent en mille esquilles.
je suis l'évêquesse de ton désir,
flagellante de tes soupirs.
ton hostie entre mes lèvres,
ta bénédiction dans mon gosier,
je porte le stigmate de ton intimité.
me voilà ordinée,
consacrée par ton péché,
anti-christa extasiée,
moi, ta belle suppliciée.

les yeux sauvages

derrière le vert d'or et l'ocre de tes yeux surgit l'efflorescence de ton imagination, l'oasis de mes délices.

le violine de tes lèvres se répand sur ma chair, et je me baigne dans ton soleil rouge. la corne d'abondance de ta psyché, figues et raisins à foison pour nourrir mon âme de poète, bascule et se déverse, tandis que la mélodie des lendemains oubliés résonne dans ma tête.

si le miel de tes iris coule dans l'orage des miens, alors peut-être pourrons-nous créer un nouveau langage, inconnu de tous sauf de nos yeux sauvages ?

la soie de tes regards

j'ai parcouru la soie de tes regards,
le satin de tes sourires,
j'ai nagé dans le taffetas de tes bras
et le lin de tes soupirs.

dans le château de notre histoire
naissent les fantômes de demain.
ceux que l'on nourrit du bout des lèvres
ceux qui ne vivront que le temps d'un rêve.

je me noie dans le bleu de tes étoffes,
me frotte aux songes brumeux qui ornent
le corbeau de tes cheveux.

si les nuages dont tu te pares s'essoufflent alors,
c'est tout mon corps qui va sombrer,

                                  fébrile

                                  de

                                  toi.

Marie-Madeleine

prêtresse de peau,
devineresse des désirs,
je n'ai ni livre sacré ni autel
si ce n'est celui du diable au cœur
et des joues en feu

corps incandescent de lave et de nuée mêlées,
à la faveur des orages d'été,
je bois l'ondée de tes péchés.

circé des océans

sur la côte de miel et d'or se déploie
l'aigue-marine de mes souvenirs,
les néréides des lents soupirs.
j'ai vécu ici il y a plusieurs éons de cela,
mais le langage secret de mon corps
s'en souvient encore.
là où les sirènes s'éprennent
dans l'ondoyante lapée d'écume,
là où les chevelures s'entremêlent,
algues et perles de brume,
drossant ma volonté
sur les récifs de tes mélopées.
sirène de mes rêves,
capture mes lèvres dans tes filets,
toi la circé des océans,
la louve de mer ensauvagée.

nos deux corps enchaînés
aux trajectoires infinies
de nos désirs sidérés,
nos idées qui s'étirent
sous le tambour acide
de nos cœurs extralucides
gorgés de toujours gorgés de jamais

sens-tu la danse des viscères,
pour toi offertes,
palpitantes de secrets,
palpitantes de vérité ?

LA GOÉTIE DE SOI

Dans les replis de ma timidité,
je t'appelais, je t'implorais,
Louve-Déesse,
pour que tu m'arraches aux chapelets d'insultes
et aux sermons creux d'un culte oublié
homélie des âmes insensibles,
Je hurlais ton nom pour que tu me libères
de ces regards vides,
de ces piscines d'acide
dans lesquelles j'étais jetée en pâture,
aux carpes de la dictature,
aux rires muets de l'imposture,

Je hurlais ton nom pour briser
le joug de la compétition,
les tenailles de la contrition,
cet étau trop ténu,
collier de fer, collier de serres,
autour de ma gorge mise à nu,
jachère de fleurs à peine écloses
gangrenées de longs doigts moroses,

Ô Louve hirsute,
délivre-moi des impies sacerdoces,
ébouriffe mes cheveux d'un regard féroce
et libère mes essences boisées,
santal et sang de dragon,
que tous mes parfums s'élèvent
dans l'incantation de mes viscères,
qu'ils vitupèrent de rage
bouillonnent de subversion,
et que ma furie, ferveur sous clef, éclate et orage !

Ô Louve hirsute,
mon corps est trop pur
pour ta sauvage luxure,

je n'ai rien connu, rien ressenti
si ce n'est les nymphes de mes rêveries,
et les démons cachés sous mes paupières,
quand j'ouvre les yeux, tu n'y vois que du vert
pourtant le feu grandit dans le secret de mes iris
longtemps semi-clos, bientôt impudiques éclipses...
délace de tes pattes de tourmaline
les corsets de mon indiscipline,
et fais-rougir Kallipugos
de tes griffes virtuoses,

Ô LOUVE HIRSUTE,
Sois la dépositaire des râles de mon âme,
que le chant de mes colères bouillonne en toi
comme le chaudron de tes larmes
Infuse-moi la force de mener ma vie comme je l'entends,
loin des lois des hommes et de leurs courroux enfantins,
Enseigne-moi la pure indépendance,
toi qui n'as besoin ni des hommes ni de leurs lances,
toi qui braves les saisons comme les interdits masculins,
Je t'accueille, offerte sur l'autel de la piété païenne,
avec pour présents mes os mon sang et ma colère,
Je t'accueille, forte et sereine,
avec pour seul chant mes idéaux ma langue et mes ovaires,
Mon corps à toi dédié
est allongé sur la souche enlierrée,
Ma peau en offrande,
mon cœur mis à nu,
tu m'oins du baume de la résurrection,
Sous le sceau de Salomon,
tu me susurres le cantique des diablesses,
Sous les cloches de la transgression,
J'ouïs la ballade des démonesses

et je m'élève, Reine-Adventice
Cheveux de serpente,
Langue de pythie
Boyaux-haruspices
Metaxu ambulante,
Fille de la Nuit !

Je serai la Déesse Initiatrix,
Sépulture de ton Ego,
couronnée de tous tes doutes,
tes craintes et de leurs vides échos,
Dans mon dos,
deux ailes de rêves et de sang
pour m'élever au-dessus des plaines du passé,
au-dessus du terreau empoisonné,
Papa, Maman et tout ce qu'il y avait avant,

Baptisée de larmes et de boue,
je m'élève, une louve sauvage dans un enclos de rage,
et pulvérise mes plus anciennes chaînes,
Chienne des enfers, Louve solitaire,
Je t'apprends à déchirer l'hymen de la nuit
de ton cri imparfait,
de ton hurlement le plus rauque, le plus ensauvagé,
Invoque-moi lorsque la vie se referme sur toi
comme un piège d'acier,
quand ses mâchoires se replient sur toi
comme l'ange de la fatalité,
invoque-moi depuis les barreaux rouillés de ta lobera[3],

Dans l'athanor de ta renaissance, invoque-moi,
Dans le creuset de tous tes rejets, invoque-moi,
Jette tes plus sombres peurs dans la marmite de ton cœur
et filtres-en les plus soyeuses liqueurs,

---

3 lobera : piège à loup espagnol conduisant à un puits très profond.

Invoque-moi, *Loba, Loba,*
comme on invoque la pluie au Sahara,
invoque-moi, *Loba, Loba,*
comme on meurt la nuit chevillée au cœur
quand de noir tes jours s'abreuvent,
invoque-moi, *Loba, Loba,*
comme on jouit pour la première fois,
chevauchée par le serpent de feu,
diable ou dieu ou bien les deux,
chevauchée par une armée de tigres de passion,
une cohorte de crocs et de scorpions,

Invoque-moi pour que l'eau spirituelle
ruisselle sur la friche de ta peau,
craquelée par la chair absente,
craquelée par les doigts spectraux,
les fantômes de tes amantes
qui s'évaporent au contact de ta solitude de plaie,
Invoque-moi pour étancher ta soif de sang,
ardent paraclet,

Invoque-moi, Lilith-Vampire,
pour avorter des faux semblants,
Invoque-moi, Succube pleine de grâce,
quand la chair est triste et lasse,
Invoque-moi, Shakti-Nyx,
pour te lover dans les bras sensuels de la nuit,
vivre chaque soir une nouvelle initiation du corps et de l'esprit,
Invoque-moi, Serpente de Feu,
pour incendier les diables qui dorment au creux de tes reins,
Invoque-moi, Ménade Dionysiaque,
pour enivrer les agneaux dans tes mains
et ensauvager les chiennes au bout de tes ongles,
Invoque-moi depuis tes plus intimes décombres,

Ma peau est un tombeau,
mon sang du bordeaux,
mes yeux des vitraux,
je suis de rouge et de grenat,
comme le désir et la fièvre mystique,
mes cheveux du muscat
palissé aux pattes d'un centaure électrique,
mes jambes un galop vers l'orage,
un râle effilé jusqu'aux nuages,
mon nez un museau vulpin
qui fend l'air tel un athamé de lave,
mes grains de beauté des démons de lune
maquillés de rage,
Invoque-moi pour chanter ton poème dans les puits
sans fond,
invoque-moi pour te délester de tes pelisses de honte
et tes murmures qui s'écrasent dans l'ombre
d'un désir muselé,
invoque-moi pour mieux libérer
le cri de ta cage à voix,
pour déchirer ton armure d'os et de chair
et laisser ton cœur s'ouvrir comme un rubis pulsant
de ces désirs sans précédent
qui te saisissent dans le silence du dedans,
dans la saison de ton ire
dessinée sur le sein de ta Déesse ivre,
symphonie d'une déraison
que tu bois goulûment comme un vin de messe
et de christique passion,

Je suis la Déesse Initiatrix,
Depuis la fange et les éclisses
Où poussent les fleurs de l'âme,
Veux-tu goûter aux plaies célestes
d'où jaillissent les plus intimes et sombres flammes ?
Veux-tu goûter à mes charmes et maléfices,

Veux-tu mourir dans mon sang et renaître sous mon souffle ?

Déesse du Verbe et des (re)commencements,
Je t'attends, nue de toi, au fond du plus beau gouffre.

Remerciements

merci Jim pour tes retours et ton appréciation vibrante de la poésie,
merci Guillaume, Natacha, Agathe, Inès, Camille, Alison, Anaïs, Julie... (pardon à ceux que j'oublie!) chaque retour compte et me touche infiniment,
merci Morgane pour la foi que tu as en mon art,
merci Pierre pour ton œil vif & vénusien qui esthétise tout sur son passage,
merci aux lecteurs de m'avoir donné la force de croire en moi après *écrin de brume*.

Design graphique
Claire-Marie Bordo & Pierre Richard

Mise en page
Claire-Marie Bordo